Mini Chouette

CE1 — CE2

Mieux comprendre la conjugaison

Catherine Stoltz
professeur des Écoles

Lou Lecacheur
professeur des Écoles

Hatier

INTÉRIEUR : Maquette : PICTORUS. Mise en page : FACOMPO.
ILLUSTRATION : Adrien SIROY.
ÉCRITURE CURSIVE : Lou LECACHEUR.
ÉDITION : Blandine RENARD.

© Hatier - Paris 2017 - ISBN 978-2-401-03069-5

Sommaire

Les verbes se conjuguent

Je compte mes bonnes réponses

Observe la règle

- On désigne un verbe par son **infinitif**. Dans le dictionnaire, on trouve l'infinitif des verbes.

Aimer, **bouger**, **creuser**, **dire**, **écouter**, **être**, **faire**, **grandir**...

- **Les verbes se conjuguent**, ils changent de forme selon :

– les personnes : **je rêve**, **vous rêvez**, **elles rêvent**...
– les temps : il **rêvait** (passé), il **rêve** (présent), il **rêvera** (futur)

Astuce ! Pour trouver l'infinitif d'un verbe, utilise l'expression *être en train de*...

Il **neige**. – Il *est en train de* neiger – verbe **neiger**

1 **Classe ces verbes selon leur forme.**

j'ai plongé – chercher – détruire – ils joueront – tu respires – finir – boire – reculez ! – partir – vous déménagez

verbes conjugués	....
verbes à l'infinitif	....

...... / 10

2 **Relie.**

Verbes conjugués		Infinitifs
Prends ton manteau à capuche.	•	• avoir
Je te **propose** ce livre d'aventures.	•	• proposer
Que **dis**-tu pour ta défense ?	•	• prendre
Elles **peuvent** faire un saut périlleux.	•	• dire
Nous **avons** vraiment **eu** chaud.	•	• pouvoir

...... / 5

3 **Trouve l'infinitif.**

- nous calculerons : calculer
- nous faisons : ....
- que dites-vous : ....
- il se lavait : ....
- tu vois : ....
- elles choisissent : ....

.... / 5

4 **Conjugue à la personne et au temps de ton choix.**

demander	....	écrire	....
sortir	....	tailler	....
avoir	....	être	....
s'amuser	....	ouvrir	....
mordre	....	chanter	....

.... / 10

5 **Complète les phrases par un pronom personnel.**

Le **téléphone portable** ne fonctionne plus. Il n'a plus de batterie.

Quand ma **grand-mère** coud, ... porte des lunettes.

Les feuilles tombent, ... recouvrent le sol.

Mon frère et moi préparons nos valises car .... partons demain.

Tes sœurs et toi êtes en vacances, ... irez au centre de loisirs.

L'ordinateur est bien utile, ... garde en mémoire toutes les données.

.... / 5

6 **Complète les phrases avec :** aller - suis allé - va - allons - vont.

Mercredi dernier, je .... chez le coiffeur.

Ces baskets me ....

.... où ton cœur te mène.

Il faut .... régulièrement chez le dentiste.

Nous .... parfois au théâtre pour voir une pièce.

.... / 5

Le total de mes bonnes réponses est .... / 40

Le temps des verbes

Je compte mes bonnes réponses

Observe la règle

Selon **le temps** auquel il est conjugué, le verbe exprime une action qui se déroule :

- Au **passé** : l'action est finie au moment où l'on parle.
- Au **présent** : l'action se déroule au moment où l'on parle.
- Au **futur** : l'action est à venir au moment où l'on parle.

passé	**présent**	**futur**
Il **pleuvait**.	Il **pleut**.	Il **pleuvra**.

Attention ! Sois attentif aux marques du temps à la fin des verbes conjugués...

1 Relie.

Ils ramassent des champignons. •
Samedi, Benjamin n'a pas voulu sortir. •
Manon et Louis regardaient la télévision. •
Tout à l'heure, tu devras poster la lettre. •
Ouvrez la porte ! •
Je n'ai pas du tout aimé le concert. •

• passé
• présent
• futur

...... / 6

2 Recopie chaque petite histoire dans l'ordre.

Il arrivera dans quelques minutes. Elle appelle le serrurier. Maman a perdu ses clés.

....

....

De nouveaux habitants l'occuperont bientôt. Nos voisins ont déménagé.
Leur maison est vide.

....

....

...... / 2

3 **Barre les phrases qui n'ont pas de sens.**

Jadis, il y avait des loups en forêt.
Hier, j'irai à la piscine.
La neige est tombée demain matin.
Je rentre immédiatement à la maison.
Tout à l'heure, je réparerai mon vélo.
Dans un instant, la cloche sonna.
Hier soir, tu dormiras chez nous.
Aujourd'hui, elle a eu huit ans.
Vous êtes venus l'été prochain.
N'as-tu pas rendez-vous à 10 heures ?
Quand il fait beau, elles sortiront.
Alors, ils arrivèrent à bon port.

...... / 12

4 **Entoure le verbe conjugué au temps qui convient.**

Actuellement, vous **dégustez** – **dégusterez** une bonne tarte aux pommes.
Autrefois, les dinosaures **existeront** – **existaient** sur Terre.
L'année dernière, Romain **n'a pas remporté** – **ne remporte pas** la coupe.
Quand le chat n'est pas là, les souris **danseront** – **dansent.**
En ce moment, nous **apprenions** – **apprenons** les tables de multiplication.
L'année prochaine, tu **étais** – **seras** collégien.

...... / 6

5 **Chasse l'intrus de chaque liste.**

- Il conduit – il cherche – il tient – il danse – il portera – il commence.
- Je mangeais – je partais – je jouais – je fais – je réfléchissais – je coloriais.
- Tu as bu – tu as pris – tu écris – tu as mélangé – tu es venu – tu as creusé.
- Nous rêvions – nous sommes – nous rions – nous donnons – nous allons.
- Vous rougirez – vous marcherez – vous aimez – vous ferez – vous aurez.
- Je perdrai – je croirai – je trouverai – j'attendais – je voyagerai – je lirai.

...... / 6

6 **Recopie dans le tableau.**

J'ai huit ans. Vous la croiserez. On avait tort. Ils verront bien. Je serai là.
Tu t'es perdu. L'heure tourne. Veux-tu du lait ?

Passé	Présent	Futur

...... / 8

Le total de mes bonnes réponses est .... / 40

Le présent des verbes en -er

Je compte mes bonnes réponses

FORCE 1

Observe la règle

• Voici les **marques du présent** à toutes les personnes pour le verbe **parler** :

je parl**e**	nous parl**ons**
tu parl**es**	vous parl**ez**
il parl**e**, elle parl**e**, on parl**e**	ils parl**ent**, elles parl**ent**

À savoir ! **Les verbes en -er** se conjuguent tous au présent comme le verbe **parler** (sauf le verbe **aller**).

1 Entoure les 6 verbes conjugués au présent.

Ils se disputent parfois.
Toutes les nuits, les chats miaulaient.
Dès votre arrivée, vous téléphonerez.
Après un effort, nous transpirons.
L'image s'affiche sur l'écran.
J'ai révisé tous mes exercices.
Nous filmons le spectacle.
Elle a joué au tennis.
Vous appelez les pompiers.
Yann se déguise en pirate.

...... / 6

2 Barre la forme qui ne convient pas.

Elle **signe** – **signent** le contrat de location.
Nous **commençont** – **commençons** nos devoirs.
Vous **parlent** – **parlez** aux jeunes enfants.
Ludovic et Camille **aime** – **aiment** ce film.
Tu **arroses** – **arrose** les plantations.
Julie et sa mère **partage** – **partagent** les friandises.
Tous les dimanches, je **jardinent** – **jardine** avec mon père.
Soignes – **Soigne**-tu les oiseaux tous les jours ?

...... / 8

3 **Relie.**

Le chien •	• cherches son numéro de téléphone.
Tu •	• commencent le test.
Papa et moi •	• aboie sans arrêt.
Je •	• nettoyez la moquette.
Vous •	• aimons le chocolat.
Les enfants •	• m'entraine à la course le weekend.
Nous •	• voyageons dans de bonnes conditions.

.... / 7

4 **Complète par un groupe de mots ou un pronom.**

.... se bousculent en entrant dans le stade.

.... arrive sur le lieu de la rencontre.

.... mangez toujours avant le match.

.... jouons à dix heures.

.... écoute les conseils de l'entraineur.

.... / 5

5 **Conjugue le verbe entre parenthèses au présent.**

Les fleurs .... dans le jardin. (*fâner*)

Je .... le soleil couchant. (*regarder*)

Vous .... les bouteilles. (*vider*)

........................-tu la ville ? (*traverser*)

Les maçons .... cette maison. (*terminer*)

Nous .... les dégâts. (*évaluer*)

.... / 6

6 **Complète.**

j'écoute	nous écout......
il parle	ils parl.........
tu regardes	vous ....
nous mangeons	je ....

elles tapent	elle ....
j'avance	nous ....
vous déplacez	tu ....
je découpe	nous ....

.... / 8

Le total de mes bonnes réponses est .... / 40

Le présent des verbes être et avoir

Je compte mes bonnes réponses

FORCE 2

Observe la règle

Au présent, les verbes **être** et **avoir** changent de forme selon les personnes :

être	**avoir**
je suis	j'ai
tu es	tu as
il est, elle est, on est	il a, elle a, on a
nous sommes	nous avons
vous êtes	vous avez
ils sont, elles sont	ils ont, elles ont

Astuce ! Pour différencier **j'ai** et **il est** : j'ai commence par la lettre **a** comme avoir, il est par la lettre **e** comme être.

1 Relie.

Léa •
Léa et Louis •

• est dans la cour.
• sont dans la cour.
• a faim.
• ont faim.

...... / 4

2 Indique si le verbe utilisé dans la phrase est être ou avoir.

- J'y suis. → être
- L'arbitre a raison. → ....
- Nous sommes des artistes. → ....
- Il est difficile à comprendre. → ....
- Les clés sont dans la serrure. → ....
- J'ai un beau terrain. → ....
- La Terre est ronde. → ....
- Ont-elles assez d'argent ? → ....
- Voilà, tu es prête. → ....

...... / 8

3 **Trouve l'infinitif de ces verbes.**

- ils ont : ....
- tu es : ....
- vous êtes : ....
- j'ai : ....
- nous avons : ....
- on a : ....
- il est : ....
- nous sommes : ....

.... / 8

4 **Complète par un pronom ou un groupe du nom.**

.... suis en vacances au bord de la mer. .... avons beaucoup de travail.
Pour la rentrée, ... a un nouveau cartable. .... est une saison très froide.
.... sont de bonnes élèves. .... ont des cheveux frisés.

.... / 6

5 **Conjugue les verbes entre parenthèses au présent.**

(être) Ces outils .... légers.
(avoir) J'............ de la force !
(être) Cette maison .... à vendre.
(avoir) Nous .... un chiot depuis ce matin.
(avoir) Elles .... rendez-vous.
(être) Je .... sur le point de m'endormir.

.... / 6

6 **Complète les phrases avec être ou avoir conjugués au présent.**

Les serviettes .... dans l'armoire.
Oh ! Il .... un beau chapeau.
Le temps .... à l'orage.
Nous .... si fatigués !
............-elle dans le grenier ?
Je .... en pleine forme.
On .... beaucoup de chance.
Effectivement, vous .... raison.

.... / 8

Le total de mes bonnes réponses est .... / 40

Le présent des verbes irréguliers

Je compte mes bonnes réponses

FORCE 2

Observe la règle

Au **présent**, ces verbes sont **irréguliers** : ils changent de forme.

aller je vais tu vas il, elle, on va nous allons vous allez ils, elles vont	**dire** je dis tu dis il, elle, on dit nous disons vous dites ils, elles disent	**faire** je fais tu fais il, elle, on fait nous faisons vous faites ils, elles font	**pouvoir** je peux tu peux il, elle, on peut nous pouvons vous pouvez ils, elles peuvent
prendre je prends tu prends il, elle, on prend nous prenons vous prenez ils, elles prennent	**venir** je viens tu viens il, elle, on vient nous venons vous venez ils, elles viennent	**voir** je vois tu vois il, elle, on voit nous voyons vous voyez ils, elles voient	**vouloir** je veux tu veux, il, elle, on veut nous voulons vous voulez ils, elles veulent

À observer ! Avec **je** ou **tu** comme sujet, les verbes irréguliers prennent **-s** ou **-x**.

1 Trouve l'infinitif de ces verbes.

- ils voient : ....
- ils font : ....
- elle peut : ....
- elle veut : ....
- nous pouvons : ....
- tu prends : ....
- il va : ....
- nous faisons : ....
- vous dites : ....
- je vois : ....
- je viens : ....
- elles vont : ....

...... / 12

2 **Barre la forme qui ne convient pas.**

Je **viens** – **vient** chez toi.
Vous **disait** – **dites** la vérité.
Les enfants **veut** – **veulent** des bonbons.
On **fais** – **fait** attention à toi.
Ils **voit** – **voient** de beaux oiseaux.
Elle **prends** – **prend** son temps.
Tu **va** – **vas** jouer de l'accordéon.
On **dit** – **dis** au-revoir en partant.

.... / 8

3 **Complète par un pronom : je – tu – il ...**

• .... prend les mesures. • .... voyons un bel arc-en-ciel.
• .... ne peut pas sortir. • .... vont chasser les papillons.
• .... faites bien d'en parler. • .... viens avec nous. • .... vais au cinéma. • .... faisons très attention. • .... ne prend pas ses médicaments. • .... pouvons jouer dehors. • .... devez sauvegarder votre document. • .... viennent nous voir. • .... ne dites rien.

.... / 13

4 **Fais toutes les liaisons possibles.**

Je •	• vient avec son amie.
On •	• vont à la patinoire.
Il (Elle) •	• faisons des efforts.
Nous •	• peux voir ce film.
Vous •	• prend beaucoup de précautions.
Ils (Elles) •	• dites n'importe quoi !
	• va le surprendre.

.... / 10

5 **Complète les phrases avec le verbe entre parenthèses conjugué correctement.**

(*aller*) Par une journée ensoleillée, elles .... au parc piqueniquer.
(*pouvoir*) Quand il y a suffisamment de neige, nous .... skier.
(*prendre*) Il .... le téléphérique.
(*faire*) Comme vous êtes gourmandes, vous .... une tarte au chocolat.
(*venir*) Tu .... de trouver la solution.
(*voir*) Ils .... leurs erreurs.
(*dire*) C'est mieux quand on .... la vérité.

.... / 7

Le total de mes bonnes réponses est .... / 50

Le futur des verbes en -er

FORCE 1

Observe la règle

Voici les **marques du futur** à toutes les personnes pour le verbe **parler** :

je parl**erai**	nous parl**erons**
tu parl**eras**	vous parler**ez**
il parl**era**, elle parl**era**, on parl**era**	ils parl**eront**, elles parl**eront**

À savoir ! Les **verbes en -er** se conjuguent tous au futur comme le verbe **parler** (sauf le verbe **aller**).

1 Indique pour chaque phrase si elle est au présent (P) ou au futur (F).

Nous bavarderons avec les autres voyageurs. (......)

Ils se cachent. (......)

Demain, je commencerai mon puzzle. (......)

Pourquoi ne regardes-tu pas ce livre ? (......)

Vous ne marcherez pas sur les pelouses. (......)

Je n'aime pas les roses. (......)

Les emmèneront-ils visiter la ville ? (......)

Le téléphone sonne sans arrêt. (......)

...... / 8

2 Relie.

Je •	• préparerez vos affaires.
Nous •	• distribueront les cartes.
Il •	• marcherons lentement.
Elles •	• enfournera le pain.
Tu •	• réparerai cet ancien hangar.
Vous •	• trieras tous les documents.

...... / 6

Corrigés à détacher

Après avoir vérifié ici tes réponses, reporte-toi au tableau page 28 pour évaluer ton travail.

Les verbes se conjuguent p. 4

1 **verbes conjugués :** j'ai plongé ; ils joueront ; tu respires ; reculez ! ; vous déménagez.
verbes à l'infinitif : chercher ; détruire ; finir ; boire ; partir.

2
Prends ton manteau... • • avoir
Je te propose ce livre... • • proposer
Que dis-tu pour... • • prendre
Elles peuvent faire... • • dire
Nous avons vraiment... • • pouvoir

3 • il se lavait : se laver • nous faisons : faire • tu vois : voir • que dites-vous : dire • elles choisissent : choisir.

4 Vérifie avec un adulte. **À titre d'exemple :** je demande ; nous sortirons ; tu as ; ils s'amusaient ; elle a mordu ; nous écrivions ; vous taillerez ; elles ont été ; tu ouvres ; je chanterai.

5 Quand ma grand-mère coud, elle porte des lunettes. Les feuilles tombent, elles recouvrent le sol. Mon frère et moi préparons nos valises car nous partons demain. Tes sœurs et toi êtes en vacances, vous irez au centre de loisirs. L'ordinateur est bien utile, il garde en mémoire toutes les données.

6 Mercredi dernier, je suis allé chez le coiffeur. Ces baskets me vont. Va où ton cœur te mène. Il faut aller régulièrement chez le dentiste. Nous allons parfois au théâtre pour voir une pièce.

Le temps des verbes p. 6

1
Ils ramassent... • • passé
Samedi, Benjamin... •
Manon et Louis... • • présent
Tout à l'heure... •
Ouvrez la porte ! • • futur
Je n'ai pas du tout ... •

2 Maman a perdu ses clés. Elle appelle le serrurier. Il arrivera dans quelques minutes.
Nos voisins ont déménagé. Leur maison est vide. De nouveaux habitants l'occuperont bientôt.

3 Jadis, il y avait des loups en forêt.
~~Hier, j'irai à la piscine.~~
~~La neige est tombée demain matin.~~
Je rentre immédiatement à la maison.
Tout à l'heure, je réparerai mon vélo.
~~Dans un instant, la cloche sonna.~~
~~Hier soir, tu dormiras chez nous.~~
Aujourd'hui, elle a eu huit ans.
~~Vous êtes venus l'été prochain.~~
N'as-tu pas rendez-vous à 10 heures ?
~~Quand il fait beau, elles sortiront.~~
Alors, ils arrivèrent à bon port.

4 Actuellement, vous dégustez une bonne tarte aux pommes.
Autrefois, les dinosaures existaient sur Terre.
L'année dernière, Romain n'a pas remporté la coupe.
Quand le chat n'est pas là, les souris dansent.
En ce moment, nous apprenons les tables de multiplication.
L'année prochaine, tu seras collégien.

5 • Il conduit – il cherche – il tient – il danse – ~~il portera~~ – il commence.
• Je mangeais – je partais – je jouais – ~~je fais~~ – je réfléchissais – je coloriais.
• Tu as bu – tu as pris – ~~tu écris~~ – tu as mélangé – tu es venu – tu as creusé.
• ~~Nous rêvions~~ – nous sommes – nous rions – nous donnons – nous allons.
• Vous rougirez – vous marcherez – ~~vous aimez~~ – vous ferez – vous aurez.
• Je perdrai – je croirai – je trouverai – ~~j'attendais~~ – je voyagerai – je lirai.

6 **Passé** : On avait tort. Tu t'es perdu.
Présent : J'ai huit ans. L'heure tourne. Veux-tu du lait ?
Futur : Vous la croiserez. Ils verront bien. Je serai là.

Le présent des verbes en -er p. 8

1 Ils se disputent parfois. Toutes les nuits, les chats miaulaient. Dès votre arrivée, vous téléphonerez. Après un effort, nous transpirons. L'image s'affiche sur l'écran. J'ai révisé tous mes exercices. Nous filmons le spectacle. Elle a joué au tennis. Vous appelez les pompiers. Yann se déguise en pirate.

2 Elle signe – ~~signent~~ le contrat de location. Nous ~~commençont~~ – commençons nos devoirs. Vous ~~parlent~~ – parlez aux jeunes enfants.
Ludovic et Camille ~~aime~~ – aiment ce film. Tu arroses – ~~arrose~~ les plantations. Julie et sa mère ~~partage~~ – partagent les friandises. Tous les dimanches, je ~~jardinent~~ – jardine avec mon père. Soignes – ~~Soigne~~-tu les oiseaux tous les jours ?

3

Le chien
Tu
Papa et moi
Je
Vous
Les enfants
Nous

cherches...
commencent...
aboie...
nettoyez...
aimons...
m'entraine...
voyageons...

4 Vérifie avec un adulte. **À titre d'exemple :** Les joueurs se bousculent en entrant dans le stade. L'entraineur arrive sur le lieu de la rencontre. Vous mangez toujours avant le match. Nous jouons à dix heures. Il écoute les conseils de l'entraineur.

5 Les fleurs fânent dans le jardin. Je regarde le soleil couchant. Vous videz les bouteilles. Traverses-tu la ville ? Les maçons terminent cette maison. Nous évaluons les dégâts.

6 j'écoute – nous écoutons ; il parle – ils parlent ; tu regardes – vous regardez ; nous mangeons – je mange ; elles tapent – elle tape ; j'avance – nous avançons ; vous déplacez – tu déplaces ; je découpe – nous découpons.

Le présent des verbes être et avoir p. 10

1

Léa
Léa et Louis

est dans la cour.
sont dans la cour.
a faim.
ont faim.

2

- L'arbitre a raison. → avoir
- Nous sommes des artistes. → être
- Il est difficile à comprendre. → être
- Les clés sont dans la serrure. → être
- J'ai un beau terrain. → avoir
- La terre est ronde. → être
- Ont-elles assez d'argent ? → avoir
- Voilà, tu es prête. → être

3 ils ont : avoir ; nous avons : avoir ; tu es : être ; on a : avoir ; vous êtes : être ; il est : être ; j'ai : avoir ; nous sommes : être

4 Je suis en vacances au bord de la mer. Nous avons beaucoup de travail. Pour la rentrée, il a un nouveau cartable. L'hiver est une saison très froide. Elles sont de bonnes élèves. Ils ont des cheveux frisés.

5 Ces outils sont légers. J'ai de la force ! Cette maison est à vendre. Nous avons un chiot depuis ce matin. Elles ont rendez-vous. Je suis sur le point de m'endormir.

6 Les serviettes sont dans l'armoire. Oh ! Il a un beau chapeau. Le temps est à l'orage. Nous sommes si fatigués ! Est-elle dans le grenier ? Je suis en pleine forme. On a beaucoup de chance. Effectivement, vous avez raison.

Le présent des verbes irréguliers p. 12

1 ils voient : voir ; nous pouvons : pouvoir ; vous dites : dire ; ils font : faire ; tu prends : prendre ; je vois : voir ; elle peut : pouvoir ; il va : aller ; je viens : venir ; elle veut : vouloir ; nous faisons : faire ; elles vont : aller.

2 Je viens – ~~vient~~ chez toi. Vous ~~disait~~ – dites la vérité. Les enfants ~~veut~~ – veulent des bonbons. On ~~fais~~ – fait attention à toi – Ils ~~voit~~ – voient de beaux oiseaux. Elle ~~prends~~ – prend son temps. Tu ~~va~~ – vas jouer de l'accordéon. On dit – ~~dis~~ au-revoir en partant.

3 Il/elle/on prend les mesures. Nous voyons un bel arc-en-ciel. Elle/il/on ne peut pas sortir. Ils/elles vont chasser les papillons. Vous faites bien d'en parler. Tu viens avec nous. Je vais au cinéma. Nous faisons très attention. Il/elle/on ne prend pas ses médicaments. Nous pouvons jouer dehors. Vous devez sauvegarder votre document. Elles/ils viennent nous voir. Vous ne dites rien.

4

Je
On
Il (Elle)
Nous
Vous
Ils (Elles)

vient...
vont...
faisons...
peux voir...
prend...
dites...
va le surprendre.

5 Par une journée ensoleillée, elles vont au parc piqueniquer. Quand il y a suffisamment de neige, nous pouvons skier. Il prend le téléphérique. Comme vous êtes gourmandes, vous faites une tarte au chocolat. Tu viens de trouver la solution. Ils voient leurs erreurs. C'est mieux quand on dit la vérité.

Le futur des verbes en -er p. 14

1 Nous bavarderons avec les autres voyageurs.(F) Ils se cachent.(P) Demain, je commencerai mon puzzle.(F) Pourquoi ne regardes-tu pas ce livre ?(P) Vous ne marcherez pas sur les pelouses.(F) Je n'aime pas les roses.(P) Les emmèneront-ils visiter la ville ?(F) Le téléphone sonne sans arrêt.(P)

2

Je
Nous
Il
Elles
Tu
Vous

préparerez...
distribueront...
marcherons...
enfournera...
réparerai...
trieras...

3 Vous séjournerez à l'hôtel situé près de la plage. À l'anniversaire de ma sœur, je chanterai. Tu me retrouveras à la gare. Avec un peu de volonté, ces sportifs gagneront une médaille.

4 Il calculera ; je croiserai ; ils passeront ; vous affronterez ; tu salueras ; nous donnerons ; elle étudiera ; tu te reposeras ; j'assisterai; vous oserez.

5 Je discuterai avec mes voisins. Tu soulèveras les cartons. Nous partagerons cette somme.Vous arriverez rapidement. Ils visiteront le musée de la Marine. Elle sautera de joie.

6 Vous savourerez cette bonne tarte aux fraises. Ils lanceront des fléchettes sur la cible. Il préfèrera les produits biologiques. Tu te sauveras devant cette horrible créature. Pourquoi ne commenceront-ils pas à décorer leur chambre ? Après la pluie, nous ramasserons les escargots.

Le futur des verbes être et avoir p. 16

1

	tu	
auront	j' – je	seras
auras	vous	serons
aurez	il	sera
aurai	nous	seront
aurons	elles	serai
aura	on	serez

2 • Seront-ils prêts ? (F) • Thomas est sage. (P) • Je suis inquiet. (P)
• Ce sera l'été. (F) • Tu as le temps. (P)
• Vous aurez peur. (F)
• On a soif. (P) • Elles auront le droit. (F)

3 Nous aurons un chien. Il aura trois canards. J'aurai une poule.
Les fermiers auront des cochons. Vous aurez des moutons.
Elles auront quelques chevaux.

4 Elle sera sur une chaise. Les invités seront sur le divan.
Je serai sur un tabouret. On sera sur le canapé. Le spectateur sera sur un strapontin. Nous serons sur ce banc. Tu auras des lapins.

5 Je serai courageux. Il sera l'heure. L'orange aura des pépins. Nous serons près de toi. Justine et Marion seront là. Je n'aurai pas froid. Ces livres auront du succès. Nous aurons du travail.

6 Vous **serai** – **serez** là pour m'aider.
Mes amis **auront** – **aurons** une surprise.
Dès demain, je **serez** – **serai** prête.
Mes parents **aurons** – **auront** de la visite.
Cette boisson **sera** – **seras** fraiche.
J'**aurai** – **aurez** un beau cartable.
Bientôt, toutes les feuilles **serons** – **seront** tombées.
Aura – **Auras**-t-on de tes nouvelles ?
Nous **serons** – **seront** présents à la chorale.

Le futur des verbes irréguliers p. 18

1

Nous	verra une erreur.
Tu	prendrai le bus.
Elle	viendrons vers...
Je	feront une...
Ils	voudras une ...
Vous	pourrez avoir...

2 Je prendrai mon bain. Il/Elle/on dira la consigne. Nous voudrons faire de la peinture. Viendras-tu demain ? Nous verrons plus tard. Comment ferez-vous pour l'attraper ? Il/Elle/on ira bien avec ma jupe. Elles/Ils lui feront peur. Je viendrai à ton secours. Ils/Elles prendront du thé.

3 tu feras : faire ; elles prendront : prendre ; je verrai : voir ; nous dirons : dire ; vous ferez : faire ; nous pourrons : pouvoir ; il verra : voir ; elle ira : aller ; tu voudras : vouloir ; je viendrai : venir.

4

je ferai 8	nous verrons 6
il ira 4	vous viendrez 2
je prendrai 1	ils voudront 7
je verrai 6	tu pourras 5
vous voudrez 7	je dirai 3
nous viendrons 2	ils diront 3
il pourra 5	vous irez 4
vous ferez 8	tu prendras 1

5 Sabine et Nina iront à la fête foraine. Que diras-tu pour la réconforter ? Nous le ferons plus rapidement. Vous verrez le match. Les oisillons voudront s'envoler. Nous viendrons au cinéma. Vous prendrez le bus. Tu voudras sans doute m'accompagner.

L'imparfait des verbes en -er p. 20

1

☐ tu dictes	☒ vous demandiez
☒ nous arrivions	☒ tu t'ennuyais
☐ elle lèvera	☐ nous parlons
☒ ils devinaient	☐ j'ai sauté
☐ nous crierons	☒ on portait
☐ tu apporteras	☐ vous lavez

2 Le capitaine commandait l'équipage du bateau. Pendant l'été, nous naviguions tous les jours. Les gourmands fréquentaient ce restaurant. Tu songeais à partir sur une ile tropicale.

3

Le vent	s'éloignaient...
Ils	nettoyions le sol.
Nous	vous leviez tôt.
Je	redoublait...
Vous	passais...

4 Tu fermais soigneusement la porte d'entrée. Les lapereaux se cachaient au fond du terrier. Nous aimions la campagne. Il s'envolait vers une lointaine galaxie… Sur le chêne, deux oiseaux préparaient leur nid. Emportiez-vous tous ces livres en vacances ? Les sorciers discutaient entre eux. Dans une petite boite, je rangeais mes trésors.

5 Nous cherchions du pain à la boulangerie. Par ce beau soleil, ils/elles se promenaient sur le boulevard. Vous creusiez ce trou pour planter un arbre. On/Il/Elle renversait maladroitement le pot de peinture. Heureusement après ma chute, je me relevais indemne. Cet après-midi-là, nous jouions à pigeon-vole.

6 naviguer : je naviguais ; relever : ils relevaient ; inventer : nous inventions ; laver : elle lavait ; donner : tu donnais ; crier : vous criiez ; essayer : nous essayions ; trouver : tu trouvais ; évoluer : elles évoluaient ; plonger : tu plongeais ; balancer : on balançait ; gagner : je gagnais.

L'imparfait des verbes être et avoir p. 22

1 Nous avions des places pour ce spectacle. ~~Tu es dans le train. Omar sera mon ami.~~ ~~Vous avez un très beau jardin.~~ J'étais très contente de ma coupe en sortant de chez le coiffeur.
~~Elles ont du fil à retordre.~~ Marc était très heureux de revoir sa cousine. ~~Nous serons à Paris dans peu de temps.~~

2 • Elles étaient à l'heure. être • J'avais trop de jouets dans mon armoire. avoir
• Nous étions sains et saufs. être • Léa avait un beau maillot de bain. avoir
• Nos amis avaient des regrets. avoir
• C'était trop facile ! être • Vous n'aviez plus rien. avoir • J' étais en colère. être
• Il y avait du monde. avoir • Vous étiez présents. être • Tu étais très attentif. être
• On avait du beau temps. avoir

3 Les souris **ont** – **auront** – **avaient** des petits.
Les supporters **seront** – **étaient** – **sont** nombreux sur le stade.

Pour cet achat, nous avions – **avons** – **aurons** assez d'argent.
J' **suis** – **serai** – étais sûr de moi.
Une dame était – **sera** – **est** dans la salle d'attente.
A – **Aura** – Avait -on besoin d'autant de cahiers ?
J'ai – avais – **aurai** lu la règle du jeu.

4 Quand j'étais petit, j'avais des patins.
Nous avions un peu peur quand nous étions dans ce château.
On avait le temps de jouer quand on était dans la cour.
Quand tu avais dix ans, tu étais déjà très grande.
Daniel était drôle car il avait toujours une blague à faire.
Les plumes de l'oiseau étaient belles car elles avaient de jolies couleurs.
Il était une fois un roi qui avait trois fils.
Elle était si gentille qu'elle avait plein d'amis.

5 J'étais à la cave. Vous étiez à la cave.
Il était à la fête du village. Elles étaient à la fête du village.
Nous étions si fiers. Tu étais si fier.
Ils avaient le même âge. Nous avions le même âge.
Vous aviez un VTT rouge. J'avais un VTT rouge.
Tu avais une faim de loup. Elle avait une faim de loup.
On était joyeux.

L'imparfait des verbes irréguliers p. 24

1 Je ne pouvais pas l'entendre. (pouvoir) ; Vous nous disiez la vérité. (dire) ; Nous prenions un café. (prendre) ; Elle voulait jouer. (vouloir) ; Tu allais voir un film. (aller) ; On venait de Chine. (venir) ; Je disais tout à ma tante. (dire) ; Je faisais du basketball. (faire) ; Il prenait de l'avance. (prendre) ; Vous voyiez l'heure (voir).

2 Les petites loutres allaient – ~~vont~~ boire de l'eau à la source. Dimitri et moi, nous faisions – ~~ferons~~ de sacrées blagues.
Le fantôme du manoir ~~viendra~~ – venait chaque nuit. Les élèves ~~prennent~~ – prenaient leur dictionnaire. Je ~~voudrai~~ – voulais regarder un DVD. Nous ~~disons~~ – disions la vérité.

3 il venait – nous allions – tu faisais – elles prenaient – je tenais – elle disait – il prenait – vous vouliez – on voyait – nous pouvions.

4 Vous voyiez bien de très loin. Je prenais soin de lui. Nous faisions un plongeon. Vous preniez du jus de fruit. Il voulait faire de la danse. Elles venaient de Paris. Tu disais être d'accord ! Je faisais le décor du spectacle.

5 Nous allions chercher du pain. Je/tu venais pour une consultation. Il disait être content. Vous pouviez en être fiers. Elles/Ils faisaient leur jogging chaque matin. Tu/je prenais la main de ta maman.

Le passé composé des verbes en -er p. 26

1 ☒ Les maçons ont utilisé du ciment pour reboucher les fissures.
☒ Il a freiné brusquement à l'entrée du virage.
☒ L'ascenseur est monté au dernier étage.
☐ Un jour, j'aimerais beaucoup adopter un jeune chien.
☒ Madame Lili est arrivée à la montagne.

2 La nuit est tombée tard.
Elles ont chanté en chœur.
Le téléphone a sonné.
Trois chiots sont nés ce matin.
Elle a décoré le sapin.
Les parents de Max ont divorcé.
Mon oncle est allé au Maroc.
Elles se sont retrouvées à l'école.
La voiture est restée au garage.
Ils sont entrés sans frapper.

3 j'ai cherché ; j'ai téléphoné ; j'ai attrapé ; j'ai compté ; je suis arrivé(e) ; je suis tombé(e) ; je suis resté(e) ; je suis passé(e).

4 Il • • as gardé...
J' • • ont capturé...
Tu • • ai apporté...
Vous • • sommes entrés...
Elles • • a trahi...
Nous • • avez terminé...

5 Nous avons joué sous les couleurs de notre club. Je lui ai montré toutes mes photos. Vous avez hésité longtemps avant de vous décider. Ils ont regardé une émission de télévision. Le Président est entré dans la salle. Il est arrivé en urgence à l'hôpital.

6 Le vendeur a fermé la boutique. J'ai mangé une pizza. Le car est passé par Lyon. Il est tombé de l'échelle. On a ramassé des coquillages.

3 **Complète les phrases avec les verbes proposés :**
retrouveras séjournerez chanterai gagneront.

Vous .... à l'hôtel situé près de la plage.

À l'anniversaire de ma sœur, je ....

Tu me .... à la gare.

Avec un peu de volonté, ces sportifs .... une médaille.

...... / 4

4 **Ajoute les marques du futur.**

Il calcul...... – je crois...... – ils pass...... – vous affront...... – tu salu...... – nous donn...... – elle étudi...... – tu te repos...... – j'assist...... – vous os...... .

...... / 10

5 **Réécris au futur.**

Je trace une ligne. → *Je tracerai une ligne.*

Je discute avec mes voisins. → Je ....

Tu soulèves les cartons. → Tu ....

Nous partageons cette somme. → Nous ....

Vous arrivez rapidement. → Vous ....

Ils visitent le musée de la Marine. → Ils ....

Elle saute de joie. → Elle ....

...... / 6

6 **Conjugue au futur avec le verbe entre parenthèses.**

(*savourer*) Vous .... cette bonne tarte aux fraises.

(*lancer*) Ils .... des fléchettes sur la cible.

(*préférer*) Il .... les produits biologiques.

(*se sauver*) Tu .... devant cette horrible créature.

(*commencer*) Pourquoi ne ....-ils pas à décorer leur chambre ?

(*ramasser*) Après la pluie, nous .... les escargots.

...... / 6

Le total de mes bonnes réponses est .... / 40

Le futur des verbes être et avoir

Je compte mes bonnes réponses

FORCE 2

Observe la règle

Au futur, les verbes **être** et **avoir** changent de forme selon les personnes :

être	avoir
je serai	j'aurai
tu seras	tu auras
il sera, elle sera, on sera	il aura, elle aura, on aura
nous serons	nous aurons
vous serez	vous aurez
ils seront, elles seront	ils auront, elles auront

À observer ! Les marques du futur sont les mêmes pour tous les verbes.

1 Relie.

	tu	
auront	j' – je	seras
auras	vous	serons
aurez	il	sera
aurai	nous	seront
aurons	elles	serai
aura	on	serez

...... / 12

2 Indique le temps de chaque phrase : (P) pour présent /(F) pour futur.

- Seront-ils prêts ? (......)
- Thomas est sage. (......)
- Je suis inquiet. (......)
- Ce sera l'été. (......)
- Tu as le temps. (......)
- Vous aurez peur. (......)
- On a soif. (......)
- Elles auront le droit. (......)

...... / 8

3 Complète en utilisant le verbe avoir au futur.

Nous .... un chien. Il .... trois canards. J'............ une poule.

Les fermiers .... des cochons. Vous .... des moutons.

Elles .... quelques chevaux. Tu .... des lapins.

.... / 7

4 Complète en utilisant le verbe être au futur.

Elle .... sur une chaise. Les invités .... sur le divan.

Je .... sur un tabouret. On .... sur le canapé.

Le spectateur .... sur un strapontin. Nous .... sur ce banc.

.... / 6

5 Réécris les phrases proposées au futur.

Je suis courageux. ....

Il est l'heure. ....

L'orange a des pépins. ....

Nous sommes près de toi. ....

Justine et Marion sont là. ....

Je n'ai pas froid. ....

Ces livres ont du succès. ....

Nous avons du travail. ....

.... / 8

6 Barre la forme qui ne convient pas.

Vous **serai** – **serez** là pour m'aider.

Mes amis **auront** – **aurons** une surprise.

Dès demain, je **serez** – **serai** prête.

Mes parents **aurons** – **auront** de la visite.

Cette boisson **sera** – **seras** fraiche.

J'**aurai** – **aurez** un beau cartable.

Bientôt, toutes les feuilles **serons** – **seront** tombées.

Aura – **Auras**-t-on de tes nouvelles ?

Nous **serons** – **seront** présents à la chorale.

.... / 9

Le total de mes bonnes réponses est .... / 50

Le futur des verbes irréguliers

Je compte mes bonnes réponses

FORCE 2

Observe la règle

Au **futur**, ces verbes sont **irréguliers** : ils changent de forme.

aller	dire	faire	pouvoir
j'irai	je dirai	je ferai	je pourrai
tu iras	tu diras	tu feras	tu pourras
il, elle, on ira	il, elle, on dira	il, elle, on fera	il, elle, on pourra
nous irons	nous dirons	nous ferons	nous pourrons
vous irez	vous direz	vous ferez	vous pourrez
ils, elles iront	ils, elles diront	ils, elles feront	ils, elles pourront
prendre	**venir**	**voir**	**vouloir**
je prendrai	je viendrai	je verrai	je voudrai
tu prendras	tu viendras	tu verras	tu voudras
il, elle, on prendra	il, elle, on viendra	il, elle, on verra	il, elle, on voudra
nous prendrons	nous viendrons	nous verrons	nous voudrons
vous prendrez	vous viendrez	vous verrez	vous voudrez
ils, elles prendront	ils, elles viendront	ils, elles verront	ils, elles voudront

Attention ! Avec **je**, jamais de **-s** au futur !

1 Relie.

Nous •	• verra une erreur.
Tu •	• prendrai le bus.
Elle •	• viendrons vers 18 heures.
Je •	• feront une farandole.
Ils •	• voudras une barbe à papa.
Vous •	• pourrez avoir des cadeaux.

...... / 6

2 Complète par un pronom : je – tu – il…

● ………… prendrai mon bain. ● ………… dira la consigne. ● ………… voudrons faire de la peinture. ● Viendras-………… demain ? ● ………… verrons plus tard. ● Comment ferez- ………… pour l'attraper ? ● ………… ira bien avec ma jupe. ● ………… lui feront peur. ● ………… viendrai à ton secours. ● ………… prendront du thé.

…… / 10

3 Trouve l'infinitif de chaque verbe.

verbe conjugué	infinitif	verbe conjugué	infinitif
tu feras		nous pourrons	
elles prendront		il verra	
je verrai		elle ira	
nous dirons		tu voudras	
vous ferez		je viendrai	

…… / 10

4 Numérote les verbes conjugués selon leur infinitif :

prendre ① **venir** ② **dire** ③ **aller** ④ **pouvoir** ⑤ **voir** ⑥ **vouloir** ⑦ **faire** ⑧

je ferai ○	nous verrons ○	il ira ○	vous viendrez ○
je prendrai ○	ils voudront ○	je verrai ○	tu pourras ○
vous voudrez ○	je dirai ○	nous viendrons ○	ils diront ○
il pourra ○	vous irez ○	vous ferez ○	tu prendras ○

…… / 16

5 Conjugue au futur le verbe proposé.

(*aller*) Sabine et Nina ……………… à la fête foraine. (*dire*) Que ……………-tu pour la réconforter ? (*faire*) Nous le ……………… plus rapidement. (*voir*) Vous ……………… le match (*vouloir*). Les oisillons ……………… s'envoler. (*venir*) Nous ……………… au cinéma. (*prendre*) Vous ……………… le bus. (*vouloir*) Tu ……………… sans doute m'accompagner.

…… / 8

Le total de mes bonnes réponses est …… / 50

L'imparfait des verbes en -er

Je compte mes bonnes réponses

FORCE 2

Observe la règle

L'**imparfait** est un temps du **passé**.
Voici les **marques de l'imparfait** à toutes les personnes pour le verbe **parler** :

je parl**ais**	nous parl**ions**
tu parl**ais**	vous parl**iez**
il parl**ait**, elle parl**ait**, on parl**ait**	ils parl**aient**, elles parl**aient**

À savoir ! À l'imparfait, tous **les verbes en -er** se conjuguent comme le verbe **parler**.

1 Coche les verbes conjugués à l'imparfait.

☐ tu dictes	☐ ils devinaient	☐ vous demandiez	☐ j'ai sauté
☐ nous arrivions	☐ nous crierons	☐ tu t'ennuyais	☐ on portait
☐ elle lèvera	☐ tu apporteras	☐ nous parlons	☐ vous lavez

...... / 5

2 Mets les verbes entre parenthèses à l'imparfait.

(*téléphoner*) À qui téléphonais-tu ?

(*commander*) Le capitaine .... l'équipage du bateau.

(*naviguer*) Pendant l'été, nous .... tous les jours.

(*fréquenter*) Les gourmands .... ce restaurant.

(*songer*) Tu .... à partir sur une ile tropicale.

...... / 4

3 Relie.

Le vent •	• s'éloignaient en courant.
Ils •	• nettoyions le sol.
Nous •	• vous leviez tôt.
Je •	• redoublait de force.
Vous •	• passais mon tour.

...... / 5

4 Choisis le bon verbe. Entoure-le.

Tu **fermais** – **fermait** soigneusement la porte d'entrée.

Les lapereaux se **cachait** – **cachaient** au fond du terrier.

Nous **aimions** – **aimont** la campagne.

Il **s'envolais** – **s'envolait** vers une lointaine galaxie…

Sur le chêne, deux oiseaux **préparais** – **préparaient** leur nid.

Emportiez – **Emportaient**-vous tous ces livres en vacances ?

Les sorciers **discutait** – **discutaient** entre eux.

Dans une petite boite, je **rangeais** – **rangeait** mes trésors.

.... / 8

5 Ajoute le pronom de conjugaison qui convient.

.... cherchions du pain à la boulangerie.

Par ce beau soleil, ... se promenaient sur le boulevard.

.... creusiez ce trou pour planter un arbre.

.... renversait maladroitement le pot de peinture.

Heureusement après ma chute, ... me relevais indemne.

Cet après-midi-là, ... jouions à pigeon-vole.

.... / 6

6 Conjugue les verbes à l'imparfait et à la personne demandée.

naviguer	je	essayer	nous ....
relever	ils	trouver	tu ....
inventer	nous	évoluer	elles ....
laver	elle	plonger	tu ....
donner	tu	balancer	on ....
crier	vous	gagner	je ....

.... / 12

Le total de mes bonnes réponses est .... / 40

L'imparfait des verbes être et avoir

Je compte mes bonnes réponses

FORCE 2

Observe la règle

À l'imparfait, les verbes **être** et **avoir** changent de forme selon les personnes :

être	**avoir**
j'étais	j'avais
tu étais	tu avais
il était, elle était, on était	il avait, elle avait, on avait
nous étions	nous avions
vous étiez	vous aviez
ils étaient, elles étaient	ils avaient, elles avaient

À observer ! Les marques de l'imparfait pour **être** et **avoir** sont les mêmes que pour les autres verbes.

1 Barre les phrases qui ne sont pas à l'imparfait.

Nous avions des places pour ce spectacle. Tu es dans le train. Omar sera mon ami. Vous avez un très beau jardin. J'étais très contente de ma coupe en sortant de chez le coiffeur. Elles ont du fil à retordre. Marc était très heureux de revoir sa cousine. Nous serons à Paris dans peu de temps.

...... / 8

2 Écris l'infinitif des verbes soulignés.

- Elles étaient à l'heure. .... • J'avais trop de jouets dans mon armoire. ....
- Nous étions sains et saufs. .... • Léa avait un beau maillot de bain. ....
- Nos amis avaient des regrets. .... • C'était trop facile ! ....
- Vous n'aurez plus rien. .... • J'étais en colère. ....
- Il y avait du monde. .... • Vous étiez présents. ....
- Tu étais très attentif. .... • On avait du beau temps. ....

...... / 12

3 **Entoure la forme qui est à l'imparfait.**

Les souris **ont – auront – avaient** des petits.

Les supporters **seront – étaient – sont** nombreux sur le stade.

Pour cet achat, nous **avions – avons – aurons** assez d'argent.

J' **suis – serai – étais** sûr de moi.

Une dame **était – sera – est** dans la salle d'attente.

A – Aura – Avait-on besoin d'autant de cahiers ?

J' **ai – avais – aurai** lu la règle du jeu.

.... / 7

4 **Complète les phrases avec être ou avoir à l'imparfait.**

Quand j'............. petit, j'............. des patins.

Nous .... un peu peur quand nous .... dans ce château.

On .... le temps de jouer quand on .... dans la cour.

Quand tu .... dix ans, tu .... déjà très grande.

Daniel .... drôle car il .... toujours une blague à faire.

Les plumes de l'oiseau .... belles car elles .... de jolies couleurs.

Il .... une fois un roi qui .... trois fils.

Elle .... si gentille qu'elle .... plein d'amis.

.... / 16

5 **Réécris à la personne demandée.**

J'étais à la cave. → Vous ....

Il était à la fête du village. → Elles ....

Nous étions si fiers. → Tu ....

Ils avaient le même âge. → Nous ....

Vous aviez un VTT rouge. → J'..

Tu avais une faim de loup. → Elle ....

J'étais joyeux. → On ....

.... / 7

Le total de mes bonnes réponses est .... / 50

L'imparfait des verbes irréguliers

Je compte mes bonnes réponses

FORCE 2

Observe la règle

À l'**imparfait**, ces verbes sont **irréguliers** : ils changent de forme.

aller	**dire**	**faire**	**pouvoir**
j'all**ais**	je dis**ais**	je fais**ais**	je pouv**ais**
tu all**ais**	tu dis**ais**	tu fais**ais**	tu pouv**ais**
il, elle, on all**ait**	il, elle, on dis**ait**	il, elle, on fais**ait**	il, elle, on pouv**ait**
nous all**ions**	nous dis**ions**	nous fais**ions**	nous pouv**ions**
vous all**iez**	vous dis**iez**	vous fais**iez**	vous pouv**iez**
ils, elles all**aient**	ils, elles dis**aient**	ils, elles fais**aient**	ils, elles pouv**aient**
prendre	**venir**	**voir**	**vouloir**
je pren**ais**	je ven**ais**	je voy**ais**	je voul**ais**
tu pren**ais**	tu ven**ais**	tu voy**ais**	tu voul**ais**
il, elle, on pren**ait**	il, elle, on ven**ait**	il, elle, on voy**ait**	il, elle, on voul**ait**
nous pren**ions**	nous ven**ions**	nous voy**ions**	nous voul**ions**
vous pren**iez**	vous ven**iez**	vous voy**iez**	vous voul**iez**
ils, elles pren**aient**	ils, elles ven**aient**	ils, elles voy**aient**	ils, elles voul**aient**

À savoir ! Les verbes irréguliers portent les mêmes marques de l'imparfait que les autres verbes.

1 Écris l'infinitif des verbes soulignés.

Je ne pouvais pas l'entendre. (............)

Nous prenions un café. (............)

Tu allais voir un film. (............)

Je disais tout à ma tante. (............)

Il prenait de l'avance. (............)

Vous nous disiez la vérité. (............)

Elle voulait jouer. (............)

On venait de Chine. (............)

Je faisais du basketball. (............)

Vous voyiez l'heure. (............)

...... / 10

2 **Barre la forme qui n'est pas à l'imparfait.**

Les petites loutres **allaient – vont** boire de l'eau à la source.
Dimitri et moi, nous **faisions – ferons** de sacrées blagues.
Le fantôme du manoir **viendra – venait** chaque nuit.
Les élèves **prennent – prenaient** leur dictionnaire.
Je **voudrai – voulais** regarder un DVD.
Nous **disons – disions** la vérité.

.... / 6

3 **Écris les terminaisons de l'imparfait.**

il ven...... – nous all...... – tu fais...... – elles pren...... – je ten......
elle dis...... – il pren...... – vous voul...... – on voy...... – nous pouv......

.... / 10

4 **Réécris à la personne demandée.**

Tu voyais bien de très loin. → Vous ....
Nous prenions soin de lui. → Je ....
Je faisais un plongeon. → Nous ....
Tu prenais du jus de fruit. → Vous ....
Ils voulaient faire de la danse. → Il ....
Elle venait de Paris. → Elles ....
Vous disiez être d'accord ! → Tu ....
Nous faisions le décor du spectacle. → Je ....

.... / 8

5 **Complète par un pronom.**

- .... allions chercher du pain.
- .... venais pour une consultation.
- .... disait être content.
- .... pouviez en être fiers.
- .... faisaient leur jogging chaque matin.
- .... prenais la main de ta maman.

.... / 6

Le total de mes bonnes réponses est .... / 40

Le passé composé des verbes en -er

Je compte mes bonnes réponses

FORCE 1

Observe la règle

- Le **passé composé** est un temps du **passé**.
- On le forme avec :

– **avoir + le participe passé** du verbe

avoir parlé : j'ai parlé, tu as parlé, il a parlé, elle a parlé
nous avons parlé, vous avez parlé, ils ont parlé, elles ont parlé

– pour certains verbes avec **être + le participe passé**

être entré : je suis entré(e), tu es entré(e), il est entré, elle est entrée
nous sommes entré(e)s, vous êtes entré(e)s, ils sont entrés, elles sont entrées

À noter ! Avec **être**, le participe passé s'accorde toujours avec le sujet.

1 Coche les phrases qui utilisent un verbe conjugué au passé composé.

- ☐ Les maçons ont utilisé du ciment pour reboucher les fissures.
- ☐ Il a freiné brusquement à l'entrée du virage.
- ☐ L'ascenseur est monté au dernier étage.
- ☐ Un jour, j'aimerais beaucoup adopter un jeune chien.
- ☐ Madame Lili est arrivée à la montagne.

...... / 5

2 Complète avec :

a ou **est**

La nuit ...... tombée tard.
Le téléphone ...... sonné.
Elle ...... décoré le sapin.
Mon oncle ...... allé au Maroc.
La voiture ...... restée au garage.

ont ou **sont**

Elles ...... chanté en chœur.
Trois chiots ...... nés ce matin.
Les parents de Max ...... divorcé.
Elles se ...... retrouvées à l'école.
Ils ...... entrés sans frapper.

...... / 10

3 Emploie le passé composé, comme dans l'exemple.

ficeler → *j'ai ficelé*

entrer → *je suis entré* (si tu es un garçon)

→ *je suis entrée* (si tu es une fille)

chercher → ....

téléphoner → ....

attraper → ....

compter → ....

arriver → ....

tomber → ....

rester → ....

passer → ....

...... / 8

4 Relie.

Il •	• as gardé ces timbres pour sa collection.
J' •	• ont capturé les bandits.
Tu •	• ai apporté une surprise.
Vous •	• sommes entrés dans la grotte.
Elles •	• a trahi son secret.
Nous •	• avez terminé vos achats de Noël.

...... / 6

5 Conjugue les verbes entre parenthèses au passé composé.

(*jouer*) Nous .... sous les couleurs de notre club.

(*montrer*) Je lui .... toutes mes photos.

(*hésiter*) Vous .... longtemps avant de vous décider.

(*regarder*) Ils .... une émission de télévision.

(*entrer*) Le Président .... dans la salle.

(*arriver*) Il .... en urgence à l'hôpital.

...... / 6

6 Réécris au passé composé.

Le vendeur ferme la boutique. → ....

Je mange une pizza. → ....

Le car passe par Lyon. → ....

Il tombe de l'échelle. → ....

On ramasse des coquillages. → ....

...... / 5

Le total de mes bonnes réponses est .... / 40

Tableau d'évaluation

Pour chaque notion,
tu as compté tes bonnes réponses.
Coche la case qui correspond
à tes résultats dans le tableau
ci-dessous.
Tu verras alors si tu as encore
besoin d'approfondir
certaines connaissances
ou si elles sont acquises.

Acquis
Tu as bien compris et tu sais mettre en application tes connaissances.

En cours d'acquisition
Tu es sur le bon chemin mais tu as encore besoin de t'exercer.

Non acquis
Tu n'as pas tout bien compris et tu dois encore travailler.

Notion	**Date**			
Les verbes se conjuguent	....	Plus de 30	Entre 20 et 30	Moins de 20
Le temps des verbes	....	Plus de 30	Entre 20 et 30	Moins de 20
Le présent des verbes en -er	....	Plus de 30	Entre 20 et 30	Moins de 20
Le présent des verbes *être* et *avoir*	....	Plus de 35	Entre 25 et 35	Moins de 25
Le présent des verbes irréguliers	....	Plus de 40	Entre 30 et 40	Moins de 30
Le futur des verbes en -er	....	Plus de 30	Entre 20 et 30	Moins de 20
Le futur des verbes *être* et *avoir*	....	Plus de 40	Entre 30 et 40	Moins de 30
Le futur des verbes irréguliers	....	Plus de 40	Entre 30 et 40	Moins de 30
L'imparfait des verbes en -er	....	Plus de 30	Entre 20 et 30	Moins de 20
L'imparfait des verbes *être* et *avoir*	....	Plus de 40	Entre 30 et 40	Moins de 30
L'imparfait des verbes irréguliers	....	Plus de 30	Entre 20 et 30	Moins de 20
Le passé composé des verbes en -er	....	Plus de 30	Entre 20 et 30	Moins de 20

Achevé d'imprimer par Macrolibros à Valladolid – Espagne
Dépôt légal : 03069 5 / 01 – Février 2017